W0245021

Ria Wordel · Psalmen op Kölsch

Ria Wordel

Psalmen op Kölsch

Greven Verlag Köln

Einband: Alter Markt um 1655 mit Marktständen;
nach einer Zeichnung von J. Toussyn, gestochen von Abraham Aubry

© Greven Verlag Köln 1975
Fünfte Auflage 1976
Grafische Gestaltung: Peter Krolow
Druck: Greven & Bechtold, Köln
Alle Rechte vorbehalten
ISBN 3 7743 0117 4

Plaaz enem Vürwoot

Wammer verreis un in de Sproche sich irrt –
Dat is dr Herrjott schold. Dä hät se verwirrt.
Do wor ens in Babel ne jroße Sturm.
Die wollten bauen nen huhen Turm.
De ein säht: »Ich bauen en bes in dr Himmel«.
Dä Kääl wor knatschjeck, dä hat ene Fimmel.
Dr leeve Jott kratz sich ens hinger dem Ohr:
»Waat, Pöschje, do maach ich e Schlößje dovor«.
Un als se des Ovends no Huus wollte jon,
Do kunnt kei Minsch mieh dr andre verston.
Dä Jääl kallt schinesisch, dä Brunge kaldäisch,
Dä Schwazze dä bubbelte kisuahelisch.
Dat jingk durchenein un wor e Jemölsch!
Dr Här verstund alles, dä kunnt sujar kölsch.
Un weil dat de Psalme uns jüddisch dun liehre
Un mir mänche Usdröck doren nit kapiere,
Do nohm eines morjens ich mir dann e Häzz
Un hanner e paar in kölsch üvversetz.
Ich weiß, dat dem Herrjott jefallen et deit.
Un wä nit e s u bedde kann – – dä deit mr leid.

Vör dem Lesse nom Aanhang (S. 45–49) luure!

Psalm 1
Dr Wäch zom Levve – Dr Wäch zom Dut

Sillig dä Mann, dä nit denne Krebbebesser no dr Muul schwaad,
Dä nit jeiht, wo de Unkelskääze flaneere
Un nit middsen unger denne Klaafmüler setz,
Dä vill mieh Freud hät an däm, wat dr Här jebodde hät,
Un dorüvver nohdenk.
Dä es jenau wie e Bäumche, wat mr an dr Baach jeplanz hät.
Do kütt och Obs drahn, wann de Zick do es,
Un dat verwelk üvverhaup nit.
Alles, wat hä ahnfängk, jeit jot.
Ävver nit mit denne Schladerbotze,
O nä, mit denne nit.
Die sin wie Sprüzcher, die dr Wingk fottblös.
Im Jereech un in öndlicher Umjevvung künne die nit beston.
Dr Här kümmert sich öm de ahnständije Lück,
Ävver dr Wäch vun däm fiese Jemölsch
Jeit bes deef unger in de Höll.

Psalm 2
Dr Messiaskünning un de Weltmäch

Wat maachen die dann für ene Kraach
Un üvverläje, wat doch jar nix nütz?
Do kummen se zesamme, die huh Deere
Un rosen jäje dich, Här, un ding Kirch.
»Mr wellen keine Jott un kei Jebott,
Un all ding Vörschrifte die rieße mr kapott«.
Och Här, jenöglich sitz du do un laachs.
Op einmol ävver jeisde huh en dingem Zorn
Un brölls se ahn: »Nen Sonn han ich, dä kütt
Un schleit üch all zesamme, koot un klein,
Wie mr e Döppe mäht kapott met enem Stock.

De janze Ähd die es ze klein för mingen Sonn.
Ihr allemolde müßt üch bücke vor däm Här.
Ich han et üch jesaht. Nu sitt vernünftig,
Söns rötscht ihr noch erav un blievt do unger lijje.«
Och Här, wat es dat jot, wammer an dich uns halde.

Psalm 3

Verdrauen en dr Nut

Och Här, luur ens, wat dat ene Haufe es,
Die jäje mich ahnhöppe.
Weißte, wat die ald för mich sare?
»För dä jit et kein Hölp mieh.
Dä hät och bei singem Jott nix mieh ze melde.«
Du ävver, Här stopps inne de Muul
Un sähs för mich: »Kopp huh!«
Ich bruch nur laut no dir ze rofe – –
Do häsdet ald op dingem Birg jehoot.
Jitz kuschelen ich mich jet op de Sick un schlofen en.
Wann ich waach wäden, weiß ich jenau,
Watsde för mich jedon häs.
Dröm ben ich och nit bang, wann die met ihr Zaldate ahnkumme.
Stand op, Här. Se kumme! Loß Koot scheeße!
Aha, du häs se ald met de Köpp anenein jeknallt
Un inne de Zäng in dr Schnüß kapott jeschlon.
Hurra, Här! Dinge Sähn es stödig bei dingem Volk.

Psalm 4

En Ovendleed

Ich kann quängele, su lang ich well – –
Minge jode Jott hät immer en Uhr för mich.
Dun et och jetz, Här, un hür op mich.

Leev Lück, nu hürt ens, wie lang wollt ihr dann noch esu eijensinnig sin?
Op nix bedaach als op Bedröjereie un esu ene Quatsch?
Nu loht üch doch endlich ens sare, dat dr Här
An sing Hillije luuter nur Jodes deit
Un wann ich in rofe, jedesmol hürt.
Mingetwäje künnt ihr mir kott sin,
Ävver sit bloß kein Herrjottsbedröjer.
Un denkt ens ovends em Bett dorüvver noh,
Wat för en Hanakereie ihr do usjetiftelt hat.
Schammt üch jet, un maht et durch Offer widder jot.
Dem Här künnt ihr draue.
E paar vun üch sare: »Et es uns noch nie esu jot jejange«.
Un doch, Här, strahlt ding Jeseech üvver uns wie en Sonn,
Un mir han mieh Freud, ald wammer Kamelle un Kooche ze baaschte han.
Im läjen mich janz räuhig op et Kanapee un schlofen en,
Weil ich weiß, dats du op mich oppass.

Psalm 6
Här, dun mich verschone

Här, strof mich doch nit en dingem Zorn,
Jivv mr en dinger Woot doch nur kein Knuuze.
Bis widder jot, Här, süch, ich ben krank.
Maach mich jesund, weil Ärm und Bein krafflos an mir erömhange.
Ich laufen wie verdötsch eröm. Ävver wie lang noch, Här?
Help mr doch noch eimol, weil du su jot bes.
Keiner vun de Dude denk an dich,
Un in dr Höll kammer dir kei Leed singe.
Vum Jömere ben ich janz usjemerjelt,
Un des Naaks es ming Bett klatschnaaß vor Trone.
Vor luuter Kriesche han ich e Klätschaug kräje
Un bin richtig runzelig un fimbsch jewode.
Nu haut ävver av, ihr Wöteriche.
Dr Här hät ming Schreie jehot.

Psalm 8
Wat es dr Minsch

Här, unsren Här, wie jroß es dinge Name op dr janze Ähd!
Su wick dr Himmel es, su wick deit mr dich iehre.
De kleinste Pänz un Wickelditzjer dun dich lovve,
Dinge Jächner zum Frack, denn die müsse all de Muul halde.
Wann ich dr Himmel biluure, dä du met ding Fingere jeknuv häs,
Un dr Mond un de Stäne, dies du doran jefrößelt häs – – –
Jung, wat es dann doch dr Minsch, datsde an in denks,
Datsde dich üvverhaup öm in kümmers?
Nur e klei Fitzje häsden unger de Engele jesatz.
Met Herrlichkeit un Ihr häsden jekrönt,
Häs en zum Künning jesatz üvver alles, watsde jemaht häs.
Alles häsde im vör de Föß jelaht:
Alle Schofe un Geiße un Öös un alles Jediersch em Bösch,
De Vüjjelcher bovven en dr Looch, de Fesch en dr Sie
Un alles, wat em Wasser erömflitz.
Här, unsren Här, wie mächtig es doch dinge Name op dr janze Ähd!

Psalm 12
Wie lang noch, Här

Här, wie lang noch wellste mich verjesse?
Wie lang noch driesde dich eröm un zeigs mir dr Rögge?
Wie lang noch soll ich met däm Zidder em Häzze erömlaufe
Un Daach un Naach kriesche?
Wie lang solle die Avekateschnüsse üvver mich schänge?
Lur doch erav un hür mich jömere, mingen joden Här.
Maach ming Klätschaug widder klor, un loß mich nit dut jon,
Dat die Flatschmüler sare künne:
»Su, dä hammer kapott jemaach«.
Un dat die Dreckfisele sich nit amüsere, wann ich ömfalle.
Nä, Här, ich hoffe janz faß op ding Erbarme

Un juuze, wann du mir jeholfe häs.
Ich weiß jenau, datsde dat deis,
Un dann mach ich dir och noch mieh Psalme.

Psalm 19
Jebett för de Kirch

Wann et dir ens schlääch jeit, soll dr Här dich erhüre
Un dich in Köbes Joddes Name schötze!
Vun singer Wonnung us kann hä dir Hölp schecke un ene Pool för dich sin.
Watsde im ze esse jeoffert häs un watsde för in verbrannt häs,
Soll hä ahnnemme.
Alles, watsde jään häs, soll dr Här dir schenke,
Un alles, watsde ahnpacks, soll fluppe!
Dann wellen mr juuze üvver ding Hölp un de Fahn schwenke.
All ding Beddelei hät dr Här ahnjehoot.
Nu weiß ich et jenau: singem Jesalvte schenk dr Här dr Sieg.
Vum Himmel herr deit hä im de räächte Hand recke.
Die ein jevven ahn met ihr Autos, die andere met ihr Pääd.
Ävver mir han dr Här, unse Jott.
D i e sin usjeletsch un ömjefalle,
M i r nit, mir stonn pieloprääch.
Här, jivv du dingem Künning dr Sieg,
Un hür uns ahn, wann mir zu dir rofe.

Psalm 21
En Dudesnut vun Jott verloße

Jott, minge Jott, woröm häsde mich verloße,
Bis fään vun mingem Bedde un Rofe?
Du minge Jott, dr janzen Dag rofen ich un du hürs et nit.
Och des naaks schreien ich, un du driehs dich nit no mir öm!
Du wonns doch en dingem Hilligdum, Här.

Uns Vätter han op dich jehoff, un du hässe rusjetrocke.
Se han no dir jerofe, un et hät inne nix jeschad.
Ävver ich ben jo bloß ene Worm un keine Minsch mieh.
De Lück spotte üvver mich un dun mich veraachte.
All, die mich sin, laache üvver mich,
Vertrecke de Leppe un schöddele mim Kopp.
»Luur ens, dä hoff op dr Här. Loß dä in doch befreie,
Loß dä in doch rette, wann hä in jään hät.«
Verhaftig, du wors et doch, dä mich op de Ähd kumme lieht
Un mich minger Mamma an de Bruß jelaht hät.
En ding Häng wor ich vun Anfang ahn,
Un vun klein ahn bes du minge Jott.
Och bliev mr doch nit fään, denn et weed ald immer schlemmer.
Wie mächtije Ööhs drängelen se sich öm mich.
Wie en Riesenböffelhääd ston se öm mich eröm,
Rießen et Muul op un bröllen wie de Löwe.
Wie ene Emmer Wasser ben ich usjeschott,
Un all ming Jliddere sin verrenk.
Mi Häzz es wie en usjelaufe Waaßkääz en minger Poosch.
Wie en Schirvel es minge Stroß verdrüch,
Un ming Zung kläff mr am Jaume faß.
Bis en dr Dudesstöbb häsde mich jeduck.
Wie ene Haufe bessije Hüng laufe se mir noh,
Un wie en Rott dreckije Freese han se mich enjeschlosse.
Kumm bei mich! Denn kei Minsch kütt mir helfe.
Häng un Föß han se mir durchjestoche,
All ming Knoche kann ich zälle.
Se klotze mich ahn un freuen sich.
Ming Klamotte han se unger sich verdeilt
Un üvver ming Wöbche et Loß jewurfe.
Du ävver, Här, bliev doch nit fään.
Kumm esu flöck wiesde kanns un ston mir bei.
Dann well ich ming Brödere vun dingem Name verzälle
Un middsen in dr Kirch dich ahnbedde.
Kutt allemolde, die ihr zum Köbes singem Stamm jehoot,
Lovvt un priest in huh all zesamme.

Denn dr Här jeit nit am Älend vun de ärm Lück vorüvver,
Un et es im nix ze vill,
Noch deite sich versteche, ävver, wann et hühkste Zick es, dann kütte.
Met dinger Jnad well ich dich vör dr janze Faar priese,
Un alle sollen et sin, wie ich dir dat Offer brenge, wat ich jelovv han.
Dann künnen de Ärmen ens richtig esse un satt weede.
Alle, die dr Här söken, priesen in huh,
Un ihr Siele sin dann för alle Iwigkeit bei im.

Psalm 22
Dr joden Heet

Dr Här es mingen Heet, mir jeit nix av.
Hä hät mich op en jröne Wees jefoht.
Do han ich Foder, Wasser och ze baaschte,
Un keine Hunger bruch ming Siel ze ligge.
Weil Hä et will, kann ich do jrase jon.
Un stupp hä mich och en e dunkel Loch – –
Ich ben nit bang, denn Hä, Hä es je do.
Du decks mr dr Desch, un die Ööster künne zoluure.
Du deis Pomad op ming Hoore un schötts mr noch e Jlas en.
Loß kumme, die mir Unjods welle.
Die künne mir nix dun. Hä well et nit.
Dr janzen Dag noch darf ich bei im blieve.
Hä hät mich jään, un dat es mingen Trus!

Psalm 24
Här, zeig mir dingen Wääch

Häzz un Sinn hevven ich zo dir huh, leeven Här.
Du häs ming röckhaltlos Verdraue, loß mich nit ömmesöns bedde,
Un loß nit zo, dat die Bullebießer sich övver mich löstig maache.

Denn kei Minsch, dä op dich waat, luurt en de Rühre.
Ävver Schand üvver dä, dä e Löjemuul es.
Här, loß mich op ding Stroße spazeere jon.
Nemm mich an de Ling un treck mich op de richtije Sick,
Weil datsde jo immer esu jään hilfs.
Vun Anfang ahn, worsde jo luuter Jodheit un Jnad.
Och Här, denk doch nit mieh an ming Jugendeseleie un Nixnötzigkeite,
Denk leever met Erbärmden an mich.
Dr Här es esu jot, datte och Freesen op dr rächte Wääch wies.
Denne ärm Höösche, die vun alle andre en de Eck jestupp weede,
Hilf hä och zo ihrem Rääch.
All, die sich an dich un ding Jebott halde, jon rackdich schnurjradus.
Wäje dingem Name, Här, verjeff mr ming Schold,
Wann se och noch esu jroß es.
Wo immer einer es, dä no dingem Wille lääv, däm zeigsde de Stroß,
Wo hä Jlöck un Sähn finge kann, un sujar däm sing Pänz
Künne en däm Land wunne, watsde inne versproche häs.
Hä hilf einfach alle, die vör im stramm ston, un an denne kammer dann sin,
Wie dr Här sing Verspreche op alle Fäll hält.
Do kann kumme, wat well, ich luuren immer op dr Här,
Denn wann ich beinöks ens en Sünd dun will, trick hä mich tireck fott.
Jo, leeven Här, luur doch bei mich erav un bejäuz mich jet.
Ich ben doch mänchmol su en ärm Deer, janz allein un verloße.
Et kütt immer mieh un mieh op mich ahn,
Ich sin off keine Uswääch mieh.
Kumm, Här, hölp, treck mich do erus.
Maach en Engk met däm Älend un dr Plackerei, un bes mir nit mieh kott.
Luur ens, wat ich ne Haufe Klutepack öm mich eröm han,
Wie vill dat sin un wat die för Jiff un Jall op mich speie.
Stell dich för mich, Här, rett mich vun denne un loß mich nit em Stich.
Weil dat ich op dich verdraue, kütt en janze Hääd mit mir bei dich,
Un dann läß du ding Volek nit em Riß un hilfs uns us aller Nut.

Psalm 29
Rettung us Dudesnut

Här, ich well dir de Ihr jevve,
Denn du häs mich do unger erusjetrocke
Un läß nit zo, dat die Biester üvver mich laache.
Här, minge Jott, luuthals han ich zo dir jeschreit,
Un du häs mich heil jemaht.
Us däm Duderich häs du mich erusjehollt, un us däm janze Haufe vun Dude
Häs du mich in et Levve zoröckjerofe.
Kutt, ihr fromm Lück, singt un spillt dem Här jet vör.
Denn nur ene kleine Momang duert sing Woot,
Ävver sing Jodheit e Levve lang.
Dät mr ovends noch kriesche – – —
Morjens es alles widder jot.
Fröhter emol säht ich em Üvvermot: »Niemols fallen ich öm«.
Här, domols häsde mich op enen huhen Birg jestallt.
Dann häsde ding Jeseech verstoche, un ich wor ze Dud verschreck.
Do han ich um Hölp jerofe, Här, un dich ahnjebeddelt:
»Wat häsde dann vun mingem Blod, wann ich dr Dreck op dr Nas han?
Kann dr Stöbb dann zo dir bedde un vun dinger Dreu verzälle?
Hür mich doch, Här, un bes mr widder jot un help mr.«
Do häs du all ming Jömere ömjestülp, un ich moht danze.
Ming schwazze Plute han ich fottjewurfe
Un mir löstije, fing Wöbcher ahnjedon.
Dröm singk mir mi Häzz un well nit mieh ophüre.
Här, mingen Jott, ich danken dir och schön en alle Iwigkeit.

Psalm 31
Enjeständnis un Freud

Heil däm, däm sing Nixnötzigkeite un Sünde nojeloße sin!
Jlöcklich dä, däm dr Här dat all nit mieh ahnrächent
Un in däm singer Siel kei Tüppelche mieh es!

Sulang ich de Muul jehalde han, wood ich immer winnijer un winnijer
Vor luuter Jömere dr janzen Dag.
Ding Hand log Dag un Naach ärg schwer op mir,
Wann ich mich och wie ene Worm jekrömmt han – –
Dä Stachel däht immer deefer picke.
Do endlich wor ich et satt un han dat Unrääch zojejovve, wat ich jedon hat.
Ich säht: »Ich well dem Här ming Frechheit enjeston«.
Un do häs du alles usjewisch!
Däten se dich doch all esu ahnbeddele, so lang et noch Zick es!
Wann dann och ene janze Schwupp vun Dröbsal kütt,
Kann dat an die jar nit erahnkumme.
Du, leeve Jott, häls mr jo Pool en dr Nut, die mich rundseröm bang mäht.
Bei dir fingen ich Rauh un Fridden.
Och bes doch esu jot un rett mich us all däm Jedöns, wat mich verschrick.
Do säht dr Här: »Ich well dir en Liehr jevve un dir dä Wääch zeije,
Wo de drop jon solls.
Ich luuren dich janz faß ahn: bes jo nit wie en unvernünfdig Dier,
Wie Pääd un Essele, die mr an dr Koot trecke muß, wann se pareere solle!«
Ich jläuv, do muß noch vill Plack op de Sündere kumme.
Wer sich ävver an dr Här hält, dä weed üvverall sing Jodheit ze föhle kräje.
Dröm: Kopp huh! ihr joot Minsche.
Maht üch Freud, wann ür Häzz en Odenung es.

Psalm 42
Loß mich kumme

Schaff du mir Rääch, leeve Jott,
Un führ ming Saach jäjen e unhillig Volk.
Rett mich vor de Minsche, die nur Löjer un Bedröjer sin.
Jott, du häs doch jet en dr Mau, woröm wellste mich dann verstüsse?
Wat muß ich bedröv erömlaufe, weil dat die Ööster mir em Nacke setze?
Schenk mir ding Leech un ding Dreu,
Dat die mich op dingen hillije Birg föhre
Un ich en ding Huus kumme kann, an dingen Aldar.

Ich hat dich doch ald jään vun Kindsbein ahn.
Dröm will ich dir jetz och jet op dr Jitta klimpere.
Woröm bes de dröm esu bedröv, ming Siel, un roos in mir eröm?
Waat doch op dr Här. Dä kann ich dann widder jröße
Ald minge Heiland un minge Jott.

Psalm 44
E Huhzicksleed

Ming Häzz flüss üvver vör luuter Freud.
Ich schrieven mingem Künning e Leed.
Ming Zung jöck et, wie dr Jriffel vun enem A-i-Köttel.
Du bes ene schöne Minsch! Lippe häsde wie e paar Keesche.
Dröm hät dr Herrjott dich och för iwig jesähnt.
Dun dr ne Zabel öm dr Buch, un trick met Jlöck us
För de wohre un jeräächte Saach.
Die solle öndlich Kadanks för dir han.
Wann de ding Flitzdinger loßläß, kruffen de Völker vor dir op dr Ähd eröm
Un han allemolde keine Mot mieh.
Dingen Thrun, Herrjott, steiht för immer un iwig.
Ding Herrscherstöckelche es e jerääch Dinge.
Rääch häsde jään, Unrääch kannste nit ligge.
Dröm hät dr Här, dingen Jott, och esu vill Ööl üvver dich jeschott,
Wie üvver keine andere söns.
Ding Kleider dun lecker ruche wie no 4711 oder esu jet.
En dinger Hall maachense dir Freud, wann se de Jitta zuppe.
Künningsdööchter kumme dir entjäje,
An dinger räächte Sick do steiht ding Bruck, öm un öm met Jold behange.
Kumm ens herr, Mädche, loß dr jet in't Ührche sare:
Verjeß jetz all ding Lück un ding Vatterhuus.
Du bes e lecker Weech, dröm well dr Künning dich han.
Hä es doch dingen Här. Nu bes nit esu zimperlich un jank bei en.
All die Mädcher kummen vun wick herr un brengen dir jet met,
Un die Kääls, die im Volk jet ze sare han,

Lecken sich de Fingere no dir un rießen sich bahl e Bein us.
Staats süht de Künningsdochter us!
E Kleid hät se ahn, met Pääle un met Jold besteck.
Su brengen ihr Fründinne se zo ihrem Här.
Dat wor dr en Freud un en Juuzerei wie se en dr Palas entroke!
Künnt ihr üch jar nit usmole!
Wann dr Pappa dut es, mähsde däm sing Sönn zo Fööschte em janze Land,
Un dröm wäden dich och de Völker huh levve loße bis in de fäänste Zigge.

Psalm 49
Richtije un falsche Joddesdeens

Dr Här hät jet jesaht, hä hät de Ähd jerofe,
Von wo de Sonn opjeit un wo se niedderkütt.
Us Sion, blendend schön, do kütt dr Här erus.
Hä es jekumme, un hä weed de Muul nit halde.
E rösig Feuer jöck an im vörbei, un wödig es dat Wedder rings eröm.
Dr Himmel un de Ähd röf hä zesamme,
För öm Jereech ze halde üvver all sing Lück.
»Nu brengt se doch ens all zesamme,
Mit denne ich beim Offer ne Verein jemaht.
Saach, hür ens, jetz ben ich ens dran.
Ich han jet jäje dich, ich, dinge Jott.
Nit wäje all ding Offere schängen ich met dir,
Onä, die han ich immer noch vör minger Nas.
Ävver us dingem Huus nemm ich dä Ooß nit ahn un och die Böck nit us
    dinger Häd.
Denn alles dat Jediersch us minge Wälder un op de Birje
All die dausend Wildsäu sin doch suwiesu ming.
Ich kenn de Vüjjelcher doch allemolde,
Un wat im Feld eröm höpp, kenn ich och.
Un wann ich Hunger han, bruch ich dich nit ze froge.
De janze Ähd, met allem dröm un drahn, es ming.
Doch saach, eß ich dann Fleisch vun dinger Koh

Un Blootwoosch jar vun dinge Böck?

Bring endlich ens en öntlich Offer för mich herr, un dun, watsde versproche
  häs

Un wenn et dir dann dreckelich jeit, dann rof mich ahn,

Dann dun ich jään dir helfe, sollste sin.

Zo dä Düvelsbrode säht dr Här: »Wat zälls de eintlich de 10 Jebodde op

Un jivvs met mingem »Bund« ahn?

Dobei es dir dat alles verhaß, un öm ming Jebodde kümmers de dich
  üvverhaup nit,

Sühs de ne Spetzbov, läufsde met däm met.

Met enem Ihebrecher bes de ein Häzz un ein Siel.

Du häs nur jemeine Wööder en dr Schnüß,

Un ding Zung bruchs de för ze bedröje.

Vun dingem ärme Broder streus de de grözte Jemeinheide us un alles, wat
  nit wohr es.

Dat häsde jedon, un ich soll dozo stell sin? Meinste, ich wör wie du?

Ich saach et dir op dr Kopp zo un schängen met dir.

Bejrievt dat doch endlich, ihr allemolde, die ihr meint, ich wör nit mieh do.

Wann ihr dat nit ensüht zerrießen ich üch wie ene Lappe un keiner kann
  üch rette.

Wä mir ävver e Loboffer brengk, dä ihrt mich,

Un wä ene rechschaffe Minsch es, däm dun ich Jodes.

Psalm 50
Reu un Vörsatz

Jott, bes mr jnädig no dinger Huld,

Un nimm en dinger Erbärmde all ming Undooch fott vun mir.

Wäsch ming Schold av un maach mich janz rein,

Denn all ming Undoorende sin ich en,

Ming Sünd han ich immer vör Aure.

Jäje dich allein han ich dat jo all jedon, watsde nit maachs.

Du häs rääch, wann de mich verurdeils un steis ald enwandfreie Reechter do.

Du weiß jo, dat ich en Schold jebore ben un dat ich ald ene Sünder wor,

Als ming Mamma noch jar nit woß, dat ich op de Ähd kom.
Ävver ene dreue Senn häsde jään,
Un höösch häsde mich Wiesheit jeliehrt.
Klätsch ene Strunk vun Ysop öm ming Uhre, domet dat de Dreck avjeiht.
Wäsch mich, dann weeden ich wießer ald dr Schnei.
Loß mich doch widder Spass an dr Freud han, dat de Knoche sich erholle
    künne,
Die de vörher zerschlon häs.
Maach mr e janz neu Häzz, leeve Jott, un ene neue Jeis.
Loß mich nit vör dingem Ahnjeseech in de Ähd sinke.
Nemm dinge hillije Jeis nit vun mir fott.
Em Jäjedeil: loß mich widder Spass han an dingem Heilswille un ston mir
    bei.
Dann well ich dat Kanaljepack ding Wääch liehre,
Un die ahl Krakieler solle sich no dir ömdriehe.
Zo eesch, leeven, joden Herrjott, mußte mich ävver
Vun jedem Tippelche Dreck rein maache.
Här, paasch ming Leppe usenein, dat ich met minger Muul ding Lovv singe
    kann.
Diere vum Schlaachhoff machsde nit, och wann ich se verbrenne dät,
Hättsde kein Amelung drop.
Et leevste Offer es dir en ähnze Reu,
Un e zerknitsch Häzz deis de nit vun dir stüsse.
Bau de Stadtmuur widder pieloprääch op, Här.
Dann häsde widder Freud an uns Offere, die mir dir op dr Aldar läje.

Psalm 56
Fruh Hoffnung

Bis mr jod, Här, bis mr jnädig, denn ich flüch op dich ahn.
Ich kruffen unger ding Flöjele, bes dat dat all vorüvverjeit.
Ich rofen zo mingem hühksten Herrjott, dä an minger Sick steit.
Dä scheck mr vum Himmel erav Hölp,
Während de Kraade noch üvver mich de Muul schwade.

Ich setzen kaduck middsen unger de Löwe,
Die Amelung op Minschefleisch han.
Ihr Zäng sin wie spetze Nääl un Penne,
Ihr Zung wie ene jeschleffe Zabel.
Vör jede Schrett han se mr Schlenke jelaht.
En Kull han se usjehovve, sin ävver selver erenjetirvelt.
Hevv dich huh üvver dr Himmel, leeve Jott,
Ding Herrlichkeit üvver de janze Ähd.
Ming Häzz es parat för dir ze singe un ze spille.
Stand op, ming Siel, weed waach, Harfelißche un Jitta.
Ich well für morje fröh dr Wecker stelle.
Vör alle Völker un Lück well ich dir singe un dich huh levve loße,
    joden **Här**.
Denn ding Jodheit reck esu wick dr Himmel ess
Un ding Dreu su fään de Wolke trecke.
Hevv dich üvver dr Himmel, leeve Jott, ding Herrlichkeit üvver de janze
    Ähd.

Psalm 60
Heimwieh no dem Här

Och Här, kumm doch ens evvens herr un pass ens op.
Vun janz vun hinger wick han ich jeschreit,
Mi Häzz dat wor am trimuleere.
Du häs mich en de Hühde jehovve, op ene Birg un häs mr Rauh jejovve.
Du janz allein bes minge Schutz, ne starke Toon,
Wann all die Freese kumme.
Am leevste möht ich immer en ding Kabüffche kruffe,
Mich döckes kuschele unger ding Schluffe.
Denn du, Här, häs mich räuhig ahnjehoot und dat jejovve,
Wat die krijje, die dich jään han.
So dun noch jet drbei, Här, e paar Jöhrcher noch,
Su wie ming Ühm un Jroß sin alt jewode.
Dann well ich fleuten un singe, Här, als wie e Livverlingche
Un jeden Dag dat dun, wat ich versproche han.

Psalm 61
Beim Herrjott krijje mr Rauh

Nur zum Herrjott hin kütt ming Siel zur Rauh.
Hä allein kann mr helpe.
Nur Hä es wie ene Fels, an däm ich mich faßhalde kann.
Saht, wat lauft ihr eintlich jäen ene einzelne Minsch ahn,
Roost loß, ald wenn de Wäng ömkippe ov en Muur, die zesamme kraach?
Jo, dat han se vör: se wellen einer vun bovven eravstuppe.
Je mieh se lääje, desto mieh Spass han se dodrahn.
Met dr Muul sähne se, im Häzze flochen se.
Nur nom Herrjott hin kann ich mich avreje,
Denn dä allein mäht mr Hoffnung.
Hä allein es mr ene Fels, en Hölp un en Burg, dat ich nit ömfalle.
Dat sag ich dir, du Volk Joddes: du kanns im räuhig verdraue zo aller Zick.
Schött ding Häzz vör im us, denn Hä es uns Zofloch.
De Minsche sin doch bloß wie ene Japper, de Männer luuter Bedröjer.
Stellt mr se op en Woog, flutsche se en de Hühde,
Allemode sin se leichter ald enen Oodem.
Baut doch nit op Jewalt, verloßt üch nit op Räubereie.
Wann ihr met dr Zick och jet richer weed – – –
Hängk bloß nit üer Häzz dodrahn.
Eins hät dr Herrjott jesaht, zweierlei han ich jehoot:
Eeztens: Macht es bei Jott un Jenögde un Dreu,
Un zwettens deit hä jedem dat ahn, wat hä verdeent hät.

Psalm 74
Joddes Jereech

Herrjott, mr priesen dich huh un rofen dinge Namen ahn
Un dun all ding Wundertate verzälle.
»Subald de Zick doför jekumme es, well ich jeräch richte (säht dr Här!)
Wann och de janze Ähd met alle, die dorop wunne, trimuleet,
Ich halden se faß, datse nit zesamme kraach.
Denne Lidderjane saren ich: »Hürt op met üre Halunkerei«.

Un denne opjeblose Jecke rofen ich zo:
»Hevvt dr Kopp nit esu huh, dat ihr üch am Himmel e Höönche stüßt,
Un schwad nit esu en freche Schnüß«.
Ihr brucht ja nit domet ze rechne, ov üch vun räächs ov links
Ov vun de Birg irjendein Hölp köm.
Dr einzije Reechter es nur dr Herrjott.
Dä ein mäht hä klitzeklein, dä andre hevvt hä en de Hühde.
En sing Häng hälte e Jlass met jodem un süffijem Wing.
Bahl schött hä ens däm ein en, mol däm andre.
Ävver dä Boddesatz es noch dren, un dä
Müsse alle dreckije Freese op dr Ähd ussuffe.
Su, dat well ich üvverall bikannt maache
Un dobei däm Köbes singem Jott e Leed singe.
Die Schandmächer well ich met de Köpp anenein knalle,
Dat de öndlije Lück ihre Kopp widder huh hevve künne.

Psalm 81
Unjeräächte Reechter

Als die Jroße ens zesamme soße, kom dr Här erin
Un säht zo denne, die sich »Jötter« nenne, esu:
»Wie lang wollt ihr eintlich noch su unjerääch richte
Un denne Jroßmächer de Stang halde?
Schafft endlich doch däm ärme Höösch ens Rääch un de ärm Waisequös.
Stoht en för dä Bedürftje un Jeringe,
Maht frei, die met dr Nas op dr Ähd lijje,
Un rießt die ärm Minsche däm Plutepack us de Häng.«
Ävver nä! die blieven stur un wie beklopp.
Em Düstre laufen se eröm, un wann de janze Ähd zo Bruch jeit!
Dröm säht ich: Ojo, ihr sit »Jötter«
Un allemolde Sönn vun unsrem Herrjott.
Ävver stirve sollt ihr wie alle andre Minsche,
Jenau esu dr Dreck op de Nas krijje wie die andre »Jroße« och.
Stand op, Här! Reech du de Ähd! Du bes jo doch dr Här vun alle Völker.

Psalm 83
Freud an dingem Hilligdum

Wat häs du en fein Wunnung, Här.
Och wör ich doch en dingem Hoff!
Ming Häzz un mingen Liev die sin janz zappelig.
De Mösch die hät en Daach, de Schwalfter hät e Ness,
För do ihr klein Jedöns drin zo versteche.
Ming Heimat dat sin ding Altäre, Här,
Du minge Künning, minge Jott.
Jlöcksillig sin, die met dir wonne künne
Un die, denne du hilfs, för sich parat ze maache, wann se wandere welle.
Trecken se dann durch Mölm un drüjje Sand
Dann mähs du inne alles naaß.
Met Rähn des morjens fröh deis du se sähne.
Se wäde jar nit mööd un luuren dann in Sion ihren hühksten Här.
Och, leeven Här, dun doch ding Uhren op un hür mich bedde,
Du, däm Köbes singe Jott,
Bes minge Schild. O Jott, süch he,
Un luur dingem Jesalvte in't Jeseech.
Nen enkele Dag en dingem Hoff
Is besser doch ald dausend andere söns.
Vill leever well ich ston an dinger Pooz
Ald en de Hüser vun de Kraate wunne.
Denn Sonn und Schild es Jott, dr Här.
Mit Jnad un Herrlichkeit es dä nit kniestig
För alle, die unschöldig vör im herrjon.
Du leeve Jott, wie sillig es dä Minsch, dä op dich traut un baut.

Psalm 84
Mr waaden op dr Här

Fröhter emol, Här, häsde Jnad üvver ding Land usjejosse,
Häs dem Köbes sing Unjlöck erömjedrieht,
Häs däm janze Volk sing Schuld verjovve un sing Sünd zojedeck,

24

Häs dinge Ärjer zoröckjetrocke un ding jlöndije Woot jedämp.
Richt uns nu widder en de Hühde, leeve Jott, loß av vun dingem Unmoot.
Wells du uns denn för iwig kott sin un dinge Zorn hintrecke
Vun einem Jeschläch zum andere?
Bes doch widder jot, Här, un schenk uns dinge Sähn.
Ich well ens hüre, wat Jott säht: Fridden versprich hä singem Volk
Un alle fromm Lück, die e jot Häzz han.
Sing Heil es denne noh, die vör im stramm stonn,
Sing janze Herrlichkeit kütt bei uns.
Huld un Dreu bijähne sich,
Jerechtigkeit un Fridde jävven sich e Bützche.
Dreu sprüß us dr Ähd erus un Jerechtigkeit luurt vum Himmel erav.
Dann jit dr Här och singe Sähn un unser Land jit sing Fruch.
Vor im herr jeit de Jerechtigkeit,
Un hinger sing Foßtritt talp et Heil noh.

Psalm 89
Dr iwije Jott un dr verjängliche Minsch

Här, durch alle Minschealder durch wors du allein uns Zofluch.
Ih, datsde alle Birg un de janze Welt un de Ähd jemaht häs,
Wors de ald iwig do.
Du zerknüddels de Minsche zo Stöbb un dann sähsde:
»Nu kutt widder zoröck, ihr Ööster«.
Denn dausend Johr sin för dich wie enen enkele Dag un en schloflose Naach.
Vun Johr zo Johr deisde se ussäe als wann se Jrass wöre.
Morjens sin se dann jrön un am blöhe,
Ovends sin se drüch un wäde avjeschnigge.
Jenau su jeit et uns, wann de uns en dinger Woot zermalme wells.
All unser Sünde, och de heimelije häs de vör ding helle, löchtende Aure ston.
Wammer an et Engk vun unser Johre kumme,
Künne mr nur noch ene deepe Seufzer loßloße.
Mr levven jo hühkstens sibbenzig Johr,
Un wann et huh kütt, sinneder achzig.
Et beste dovun wor nur Ping un Jeöschels.

Wie flöck jeit dat alles vorüvver!
Mr flüjje nur esu doherr.
Wä weiß dann, zo wat du en dingem Jrimm noch fähig bes?
Här, liehr uns doch, dat mr unser Däg usnötze un zo Verstand kumme,
Dat et dir endlich leid dun kann öm ding Knäächte.
Wann du uns des morjens widder jot bes,
Wellen mr uns dr janzen Dag freue un juuze.
Su vill Däg, wie du uns met dr Nas en dr Mölm jestupp häs,
Su vill Johre, wie mr all dat Unjlöck ligge mohte,
Su vill maach uns nu widder Freud, leeven Här.
Loß uns un all uns Pänz ding herrlich Wirke bestaune.
Schött ding Jööd üvver uns us wie enen Emmer Wasser.
Alles, wat mr met unser Häng maache un brassele,
Dun du sähne, Här, dat et och jet öndlijes weed.

Schotz unger sing Flöjele

Wä em Schotz vum hühkste Här wonnt
Un sich en singem Schatte jet reste dät,
Dä säht för in: »Do bes ming Zofloch un ming Burg,
Minge Jott, op dä ich mich verloße kann.
Du häs mich erusjetrocke us däm Förster singer Schlenk,
Wo ich baal drin verreck wör.«
Unger sing Flöjele deit hä dich versteche.
Du bruchs nit bang zo sin vör däm Jruselije in dr Naach,
Ov vör däm, wat am Dag erömflitz,
Och nit, datsde em Düstere de Pocke kriss, ov am Dag de jääl Färv.
Wann och dausend ov zehndausend an dinger Sick ömfalle – – –
Dat kann dir janz ejal sin.
Jo, met ding eije Aure kannste sin, wat mit denne Freese passeet.
Denn för dich steiht dr Här parat. Jenau dr Hühkste häs de dir usjesöök.
Kein Maleste häsde, un nix Unjoods kütt dir in ding Huus.
Denn sing Engele hät hä ahnjesteffelt, üverall op dich opzepasse.

Op ihr Häng solle se dich drare, domet datsde dinge Foß an keine Stein
  stüß.
Dann kannste üvver Löwe un Drache spazeere jon
Un kanns och räuhig droptredde.
»Weil hä esu anhänglich es, well ich in rette, denn dä weiß och, wie ich
  heiße.
Wann hä mich röf, well ich in hüre. Ich jon bei in un help im widder op de
  Föß.
Lang soll hä levve, un dann kann hä ens bei mir eren luure«.

Psalm 92
De jroße Künning

Dr Här es Künning, prachvoll süht hä us!
Met Macht un Herrlichkeit hät hä sich ahnjedon.
De janze Welt hät hä jemaht. Die waggelt nit!
Och singen Thrun steit faß för alle Zick.
De Wasser däten schüüme, Här, un klommen huh erop.
Janz schrecklich wor dat Meer met singe Welle.
Doch schrecklicher un noch vill hühter, Här,
Bis du do bovven huh op dingem Thrun.
Wat du jesaht, dat bliev för immer esu:
Ding Huus es hillig, Här, för alle Zick.

Psalm 100
Vör Joddes Ahnjeseech

Vun Jnad un Rääch well ich dir e Leedche singe, Här,
Un dir dobei jet vörspille.
Ich well oppasse, wat för ene Wääg die jot Minsche jon.
Här, wann küss de bei mich?
Ich levven höösch met jodem Häzze en minger Hött.
Ich verdrieh nit de Aure no all dä Biestereie.
Ich kann et en dr Siel nit usstonn, Unrääch ze dun.

An mir soll dat nit klävve blieve, Hanakereie lijje mr nit,
Ich well se jar nit eesch kenne liehre.
Wä vun singem Nohber Löjereie usstreut, däm stoppen ich de Muul.
Schäl Aure un Huffahtspinsele kann ich nit ligge.
Ich söken de Dreuhäzzije em Land, die künne all bei mir wunne.
Wä öndlich es, dä darf bei mir blieve.
En mingem Huus hät keine Lidderjan jet ze söke,
Keine Fuutelshungk soll mir vör de Aure kumme.
Jede Morje dikteeren ich denne ihr Strof zo,
Bis se all us däm Här singem Huus un singer Stadt erusjefloore sin.

Psalm 101
Em Älend un wie Hä Hölp scheck

Här, hür ming Beddelei un loß ming Rofe bei dich kumme.
En dr Nutzick liehn mr ding Uhr un hür mich flöck ahn, wann ich dich rofe.
Ming Däg flutsche fott wie Qualm un ming Knoche sin verdrüch wie dörre
    Stengele.
Ming Häzz es wie avjesengk Jrass, denn ich han doch verhaftig verjesse,
    ming Botteram ze esse.
Vor luuter lugge ben ich nur noch Huck un Knoche.
Ich sin uns wie ene Pelikan un wie en ahl Ühl, die en enem Muerloch setz.
Naaks kann ich nit schlofe, wie e klein, allein Vüjjelche om Daach.
All die Ööster dun mich Dag för Dag verspotte un rötsche mr hück dr
    Puckel erav,
Die mir fröhter öm dr Baat jestriche sin.
Brikettsäsch schlecken ich erav wie Brut,
Un in ming Jesöffs matschen ich Tronen erin.
Här, du häs mich en dingem Ärjer jeschnapp un en dinger Woot mich
    ömjeschmisse
Ming Levven hötsch wie ene Schatten doherr.
Ich drüjjen us wie zertrampelt Jrass.
Du, Här, ävver blievs iwig, un alle Lück, die später kumme,
Verzallen noch vun dir.

28

Stand op, Här, et wäd Zick, datsde dich widder öm Sion kümmers.
Selvs de Steinhaufe dovun hammer noch jään
Un sin bedröv, dat do alles kapott eröm litt.
Ävver dann han se all widder Kadanks vor dir, Här,
Denn dat zertrodde Jerusalem klävs du widder janz zesamme un tritts
    jrusahdig drin op.
Du dries dich eröm zo de Ärme un jeis nit an ihrem Bedde vorüvver.
Em Jäjedeil, du schrievs dat för de Nohwelt op,
Un dat neue Volk kann dich dann hutschele.
Dann luurs de vun bovven erav op de Ähd,
Hürs jenau, wie die en dr bleche Botz jömere,
Mähs inne de Dür op un läß se laufe jon, die ald jeköpp wäde sullte.
Dat soll mr dann laut vum Sion verzälle,
Un jlöcklich soll dat janze Jerusalem juuze.
Alle Minsche laufe do zesamme, un de Künninge bedeene dr Här.
Ich han noch jenog Kraff en mir un doröm frogen ich:
»Sag, Här, wie lang kann ich dann eintlich noch levve?
Och dun mich doch nit middsen em Levve fottraafe!«
Ding Johre sin jo iwig, Här, Du häs met dr Ähd ahnjefange
Un och dr Himmel zoräächjeknuuv.
Wenn die ens verjon, blievs du immer noch.
Ävver die wäden esu alt wie e paar Plute.
Du dries se eröm un mähs e neu Wöbche drus.
Du ävver blievs derselbe, un ding Johre jon nie eröm.
Die Pänz vun denne, die dir jetz deene, künne bei dir wonne.
Un denne ihr Puute blieven och iwig bei dir.

Psalm 103
Jott, dr Här vun allem, wat es

Lovv dr Här, ming Siel! Här, minge Jott, wat bes du jroß!
Met Huheit un Praach häsde dich ahnjedon.
Wie andre Lück e Kleid ahntrecke, su häs du Leech öm dich eröm.
Dr Himmel häsde usjespannt wie e Campingzelt.

Ding Wonnung steiht op Pööl middsen em Wasser.

Plaats e Auto nimmbs du dir Wolke un kutschiers domet em Sturm eröm.

Sturm un Füer müsse för dich Bisorjunge maache.

De Ähd häsde so faß enjerammt, dat se nie waggele kann.

Janz fröhter emol, do stund et Wasser üvver dr Ähd bis üvver dr Birg.

Do häsde met inne jeschannt, un do mohten se laufe jon.

Jetz komen de Birg en de Hühde un de Däler jenau dohin, wo du se han
wolls.

All däm Wasser häsde en Jrenz jesatz, die darf et nit üvverschrigge

Un niemols mieh de janze Ähd vollmaache.

Tösche de Birg läßte Bächelcher laufe.

Alle Diere, och de Essele, künne dorus suffe.

Livverlingcher un Mähle wunne do. Mr kann se em Bösch singe hüre.

De Wolke maache, dat de Birg un de Ähd immer jenog han.

För et Rindvieh läßte Jrass waaße un och Planze, die dr Minsch ahnbaut,

Für datte us dr Ähd sing Brut kritt,

Un och leckere Wing, an däm hä sich freue kann.

De Bäum drinke sich satt un och de Zedderbäum, die hä jeplanz hät.

Vüjjelcher han ihr Nester doren jebaut un och enen Klapperstorch deit
doren nißte.

Op dr Spetz vun däm Birg höpp dr Steinbock eröm,

Un in de Felslöcher flutschen de Müüs un de Dachse eren.

Dr Mond deit de Zick messe, un de Sonn weiß jenau, wann se ungerjon muß.

Wann et Naach weed, do jeit et em Wald richtig loß.

Do kummen de welde Diere ze laufe. De jung Löwe bröllen, wat se künne

Un wellen vun Jott jet ze fresse han.

Jeiht de Sonn op, klemmen se dr Stetz en,

Kruffen heim un dun sich versteche.

Nu kütt dr Minsch un jeiht an sing Arbeid bis zum Ovend.

Wat du en dinger Wiesheit all jemaht häs, Här, kammer jar nit all opzälle.

De janze Ähd es voll drvun.

Mr bruch nur et Määr ahnzeluure, su jroß un wick un dat Jewimmels dodren,

All die klein un jroße Diere. Un üvver all dat trecken de Schiffe doherr!

Alles waad op dich, datsde inne zo räächter Zick jet ze esse jivvs.

Jivvs det inne, sammeln set en.

Mäsde ding Hand op, wäden se allemolde satt.

Verstichs de dich vor inne, wissen se üvverhaup nit mieh, wo se dran sin.

Nimmste inne dr Oodem fott, jon se en un weede widder Stöbb.

Schickste dinge Jeis us, kummen se all widder an Land,

Un de Ähd kritt e janz neu Jeseech.

Iwig duert däm Här sing Herrlichkeit, un hä soll sich an all sing Saache
freue!

Hä luurt op de Ähd – do fängk die ahn zeddere,

Hä tipp ens an de Birg – do rauchen die wie en Schlot.

Ich ävver well däm Här mi Levve lang singe un spille su lang et jeiht.

Ich dät wünsche, datte jet Spass an mingem Jedeech hät.

Alle Düvelsbrode un Knieshüngk solle maache, dat se fottkumme.

Ich well erer kein mieh sin.

Du, ming Siel, dun dr Här lovve un Halleluja singe.

Psalm 107
Dank un Bitte

Här, ich ben esu wick, ming Häzz es parat, för dir ze singe un ze spille.

Hür op ze schlofe, ming Siel, weed doch waach, Jitta un Vijjeling.

Ich well de Sonn wecke. Vör alle Völker well ich dich lovve, Här, un laut
juzze un singe.

Denn ding Jodheit die reck esu wick dr Himmel es,

Ding Dreu, esu fään de Wolke trecke.

Reck dich noch hühter als dr Himmel, leeve Jott,

Domet dat mr Ding Herrlichkeit üvver de janze Ähd süht.

Domet dat die jerettet wäde, die du esu ärg jään häs,

Reck uns ding räächte Hand un erhür uns.

Jott hät en singem Hilligdum jesaht:

»Ich well driumfeere, ich well Sichem opdeile, un Sukkot mim Metermoß
vermesse.

Ming jehööt Jilead un och Manasse. Efraim es mingen Hot un Juda ming
Zepter.

Ävver Moab es ming Wäschkump, un op Edom schmießen ich minge
Schluffe.

Üvver de Filister han ich allein jet ze kamelle.
Wä jeit met mir en de Stadt un deit mich no Edom bejleite?«
Herjott, häsde uns nit selver fottjescheck
Un bes nit met uns Zaldate loßjetrocke?
Och bes doch esu jot un bring uns Hölp.
Denn Hölp vun Minsche dauch jar nix un is nix wäät.
Ävver mim Herrjott zesamme künne mr allerhands riskeere un maache.
Dä weed all die Mählwürm kapott tredde.

Psalm 109
Künning un Reechter

Su säht dr Här zo mingem Här: »Kumm herr, ich rötsch dir jet.
Dann maach ich alle, die dir kott sin zom Foßbänkelche för dich.
Esu wick ming Stöckelche ich recke, esu wick
Kannste dann mittemang dozwesche setze.
Wann dingen Dag dann opleuch, leuchte deit en hillijem Jlanz,
Dann bes du janz allein dr Künning.
Denn süch! noch ih des morjens fröh de Stääne funkele
Un ih dr Dau mäht alles klatschenaaß,
Wors du doch immer schon vun mir dr leeve Jung.
Dat sag ich dir, un nie deit mir dat leid,
Du blievs minge Kaplon in alle Iwigkeit,
Su wie dä ahle Melchisedech et dir hät vürjemaht.
Ich ston an dinger räächte Sick un schlon se all kapott, wann ich ens wödig
   ben.
Die Dude leg ich all op eine Haufe, un denne andre schlon ich och de Köpp
   noch av.
Wann du dann Doosch häs, kannste dich ens böcke
Un drinks dat klore Wasser us dr Baach.
Dann kannste op e neus dr Kopp janz räuhig en de Hühde hevve.

Psalm 111
Joddesfurch

Jlöcklich dä Mann, dä Kadanks hät vör däm Här
Un sich häzzlich freut an däm, wat hä dun muß.
All, die no im kumme, han jet ze sare em Land,
All die jode Minsche dun ich sähne.
Die han och all jet an de Föß un Nüssele ze baaschte, un dat bliev och esu.
Em Düstere jeit denne e Leech op: dr jode, dr barmherzije, dr jerächte Här.
Wat andere Lück üvver in quatsche, es im ejal.
Sing Häzz es faß, hä stütz sich op dr Här.
Esu faß es dat, datte üvverhaup nit bang es,
Bis datte op die Freesen eravluurt.
Hä es och nit kniestig un jitt denne Ärme met.
Dröm jeit et im och jot un hä hät jet ze sare em Land.
Natürlich es dat fimbsche Volk dorüvver wödig,
Knitsch met de Zäng un jeit kapott.
Alles, wat die jewollt han, es fottü.

Psalm 112
Dä huhe un jnädije Jott

Ihr Huusknäächte, singt däm Här ens e Leedche!
Singe Name sollt ihr met Freud usspreche, jitz un üvverhaup immer.
Wann morjens de Sonn opjeit un wann se ovends ungerjeit,
Sollt ihr singe Name lovve.
Dr Här hät doch mieh ze sare als alle Völker op dr Ähd un im Himmel.
Wä kann sich dann met unserm Herrjott messe, dä do bovven huh setz
Un in de Kall eravluurt?
Dä Kleine pullt hä us dem Stöbb,
Un dä ärme Höösch trick hä us dem Dreck erus.
Hä jitt im ene Stohl bei de fing Lück.
En ärm Frau, die kein Pänz hät, läß hä och em Huus wunne,
Jenau wie en Mamma, die luuter Spass an ihr Quös hät.

Psalm 114
Rettung us dr Nut

Su jään han ich dr Här! Hä hürt op mich, wann ich in rofe.
Hä hät mir och sing Uhr jeliehnt am Dag, wo ich esu laut jeschreit.
Dr Dut hät luuter Koot öm mich jewickelt,
De Höll met decke Siel mich enjedrieht.
Verjange ben ich baal vör Angs un Ping.
Do reef ich op zum Här: »Här, rett du doch ming Levve«.
Un süch! Dr Här wor jot un voll Erbärmde.
Je einfacher e Häzz, je mieh deit hä et hööde.
Ich wor en Nut, un hä hät mir jeholfe.
So krieg dich widder en, ming Siel, dr Här hät Joods an dir jedon.
De Siel hät hä vum Dut befreit, de Aure vun de Trone un de Föß vum
    litsche.
Jetz kann ich jet spazeere jon, wo de Labendije wunne, do, bei mingem
    Här.

Psalm 115
E Dankoffer

Janz faß han ich op dich jehoff
Un wor doch vill ze deef jeduck.
Do han ich denn in minger Nut jerofe:
»Bei Minsche es nix mieh ze holle«.
Wat soll ich, joden Här, dir dun
För alles, watsde mir häs Joods jedon?
Ding Wingglas well ich nemme, wo ming Heil dren es
Un dinge Name huhlevve loße.
Wat ich versproche han, dat well ich halde.
Dat janze Volk, dat kann et sin.
Dat Stirve vun sing fromme Lück es Jott, dem Här, janz jet Koßbares.
Och, Här, ich ben doch dingen Knääch,
Dingen dreuen Deener, dr Sonn vun dinger Mähd.

Die Koot, met der ich fassjebunge wor, die häs du opjeknüddelt.
Dröm läuf mi Häzz mir üvver voller Dank.
Wat ich jeloff, dat well ich nu erfülle
Vör allem Volk in Schull un Kirch un Stadt.

Psalm 120
Et jeit op Heim ahn

Ich hevven ming Aure huh op dr Birg ahn.
Woherr soll mir wahl Help kumme?
Ming Help kütt vum Här, dä Himmel un Ähd jeknuv hät.
Hä mäht, dat dinge Foß nit stolpert.
Dä op dich oppass, dä pennt nit.
Onä, dingen Här schlöf op keine Fall.
Et is doch dr Här, dä an dinger Sick steiht.
Dä mäht dir so vill Schatte, datsde am Dag nit in dr Sonn ze brode bruchs,
Un des Naaks deit dir dr Mond och nix ahn.
Dr Här hält alles Kodde vun dir fään un pass op ding Levven op.
Su möht dr Här an dir dun, wann du fottjeihs un wann du widderküß in
    alle Iwigkeit.

Psalm 122
Mr luuren op dr Här

Ich hevven ming Aure zo dir, dä du bovven huh im Himmel setz.
Wie dr Knääch op de Häng vun singem Buur
Un de Mähd op de Häng vun ihrer Madam süht,
Su luuren ich op dich, Här, mingen Jott, bis datsde mir jnädig bes.
Och Här, mötsde uns doch jnädig sin!
Denn mir han de Nas jestreche voll
Vun dr Höönerei vun denne Spottvüjjel.
Mr han de Spötterei vun dä huffädije Poosche decke satt
Un och de Üvverhefflichkeit vun denne Jroßmächer.
Uns Aure luuren immer op dr Här, bis datte mit uns Erbärmden hät.

Psalm 123
Dovunjekumme

»Hätt dr Här nit uns Partie üvvernomme,«
Su möhten de Jüdde spreche,
»Hätt dr Här nit uns Partie üvvernomme,
Als de Minsche jäjen uns opstundte,
Dann hädden die uns labendig jefresse, su wööschtig woren die.
Dann wören mir fottjespölt wode wie enen welden Baach.
In reißende Wasserfäll wöre mr versoffe.
Loß mr dr Här lovve, dä uns denne us de Zäng jetrocke hät.
Unser Siel es wie e Vüjjelche däm Jäjer us däm Netz jeflutsch.
Dat Netz es kapott, un mir künne fleeje jon.«
Unser Hölp es immer beim Här, dä Himmel un Ähd jemaht hät.

Psalm 126
Dr Här sorg för alles

Wann dr Här nit dat Huus zesammefleck,
Arbeide de andere ömesöns dodrahn.
Wann dr Här nit op uns Stadt oppass,
Bruche mr üvverhaup keine Naakswächter.
Et es janz ejal, ov ihr morjens fröh opsteiht,
Ov ovends üvver euer eije Föß stolpert, um dann e Köschje Brut ze käue.
Dat jit üch dr Här suwiesu em Schlof.
Un dann jit hä üch noch extra e paar Pute dobei,
Dat es sing Schpezialität.
De jung Pooschte sin wie Flitzebore en de Häng vun Zaldate.
Wä dovun de Täsch voll hät, es fein erus,
Denn, wann hä sich met denne andere en de Woll kritt,
Bliev hä doch bovven Jan.

Psalm 129
Jebett us deefem Avjrund

Us deefster Nut kummen ich bei dich, Här,
Un brölle, su hatt ich kann.
Bes doch esu jot un böck dich bei mich erav.
Stell dir ens vör, Här, du däts an all unser Sünde denke – – –
Wä künnt dann üvverhaup noch vör dir beston?
Dat jeiht jo jar nit, un du häs och versproche, datsde uns widder jot bes.
Op dat Woot un op dr Här hoffen ich.
Vun morjens fröh bes middsen in dr Naach
Hoff dat janze Volk op dr Här.
Denn dä hät verhaftig Metleid mit uns,
Un üvver de Moße rich deit hä uns maache
Un uns allemolde all uns Sünde verjevve.

Psalm 131
Dr Jesalvte un singen Här

Här, denk an dr David, wat dat ene fromme Mann wor.
Dä hät doch janz faß versproche:
»Ich well keine Schrett mieh en ming Wonnung dun,
Well keine Ovend en et Bett jon, ming Aure maach ich nit mieh zo,
Met de Wimpere dun ich nit klimpere,
Bis dat ich für dr Här en öndlich Huus jefunge han, wo dä drin wunne
    kann.«
Mr han jehot, dat wör in Ephrata un han et in enem Bösch jefunge.
Mr jingken erin un sin bes an sing Foßbänkelche jekroffe.
»Stand op, Här, kumm in ding neu Huus,
Du un die Keß, wo de 10 Jebodde drin lijje.
Ding Pastörsch sollen et all esu maache, wies du et han wells.
Wäje däm David, dä du selver jesalv häs, loß uns nit ömesöns kötte.«
Dr Här hät däm David ene Eid jeschwore, dä hä niemols breche weed:
»Op dinge Thrun well ich ene Jung us dinger Famillich setze,

Un wann ding Sönn dun, wat ich well un wat ich se jeliehrt han,
Dann sollen och denne ihr Pänz noch op dingem Thrun setze.«
Denn dr Här hät sich Sion usjesök, do will hä wunne blieve.
Hä säht: »He han ich Rauh för immer, he kritt mich keiner fott, he blieven
  ich.
Wat se ze esse han, dat dun ich sähne, un all ärm Lück solle satt weede.
Sing Priestere dun ich e fing Wöbche ahn,
Un all, die fromm sin, solle lauthals juuze.
Do loß ich dä David ene starke Mann weede un stecken im e hell Leech op.
Die im jet dun welle, krijje vun mir e fies Baselümpche ahn.
Ävver op singe eije Kopp, do kütt en Strohlekrun.«

Psalm 134

Et jit nur eine Jott

Lovvt däm Här singe Name, all ihr Arbeider,
Die ihr en singem Huus un en sing Höff erömstoht.
Lovvt dr Här, denn dä es jrenzenlos jot un singe Name jeiht wie Öl üvver
  de Lippe.
Hä hät sich dr Köbes usjesök, un alle Jüdde well hä för sich han.
Jo, dat weiß ich janz jenau: unseren Här es esu jroß – – –
Do kummen all die andere Jötzebelder jar nit met.
Alles, wat dr Här well, dat deite och,
Op dat em Himmel, op dr Ähd, deef en dr Sie ov deef en de Bergwerke es.
Vun janz wick herr läßte Wolke kumme, Jung, dann jit et vielleich e
  Jewidder!
Us singem Wonnzimmer trick hä ene Orkan erus un läß dä loß.
In Äjipte hät hä vun Minsche un Diere alle Stammhalter stirve loße,
Hät ävver och allerhands komische Dinger jemaht,
För dä Farao un sing Lück ze blöffe.
Wä weiß wievill Völker hät hä nidderjetrodde un denne ihr Künninge
  ömjebraht.
Dat Land hät hä an sing Volk, sing Jüdde, verirv.
Här, dinge Name bliev iwig, un ein Famillich noh dr andere denk an dich.

Du häs met de Arbeidslück Metleid un schaffs inne Rääch.
Die Fijürche vun denne Heide, dat soll och jet sin!
Die sin jo vun Silver un Jold, ävver doch bloß vun Minschehäng jemaht.
Do kammer nur laache: die han en Muul un künne nit quatsche,
Met de Aure künne se nit luure, met de Uhre nit hüre,
Un us ihrer Schnüß kütt noch nit emol ene Oodem erus.
Die esu ene Quatsch jemaht han un alle, die dorop erenfalle,
Solle doch jenau esu wäde.
Ihr ävver, ihr Hüser vun Israel, Aron un Levi
Un alle, die ihr dr Här huhachtet,
Dot in ahnbedde op dr janze Ähd.

Psalm 138
Dr allwissende Här

Här, du häs mich studeet un kenns mich janz jenau.
Ov ich op ener Bank sitz, ov do erömston – – du weiß dat.
Schon vun fääns weiß du, wat en mingem Kopp loß es.
Ov ich spazeere jon, ov im Bett lijje – du weiß jede Wäg, de ich maache.
Noch han ich nix jesaht, do weiß du ald, wat kütt.
Vun vöre un vun hinger hältsde mich faß un häs ding Häng op mich jelaht.
Do kummen ich nit met, dat es zu huh för mich, dat kann ich nit bejriefe.
Wo künnt ich dann laufe jon vör dingem Jeis?
Wohin kaaschte jon vör dingem Ahnjeseech?
Dät ich en dr Himmel klimme – – du wörs ald do.
Kruff ich en de Ungerwelt – – beste och do.
Nöhm ich Flöjele un dät an et Meer fleje – –
Du däts mich met de Häng packe un faßhalde.
Säht ich: »Zappenduster soll et öm mich wäde, ich knipsen et Leech us«.
Dat dät dir all nix usmaache. De Naach wör för dich wie dr hellen Dag.
Als ming Mutter mich noch jar nit jebore hät, do wors du ald met mir
   zejang.
Villen Dank, Här, datsde mich esu nett zorääch jeknuv häs.
Do kammer nur staune, dat weiß ich.

Als de an ming Ärm und Bein wors, häsde dat all em Dunkle jemaht
Un häs jenau jesin, wat do eruskom.
Dat wor ald all en dingem Heff opjeschrevve.
Leever Jott, wat häs du för enen Zorteer!
Dat kammer einfach nit bejriefe. Du häs jo dausenderlei Jedanke!
Die kann kein Minsch zälle, do köm mr an kein Engk.
Dat wörener mieh, ald Sandkööner an dr Sie.
Un wann ich beim Zälle enschlofe dät un wöd waach – –
Do wör ich immer noch bei dir.
Och Här, wennste doch all die Lotterbove dut maache däts!
Maht, dat ihr fottkutt, ihr plackije Fissel.
Ihr denkt, dat wör ömesöns en de Städt enzedringe?
Jo, Här, woröm soll ich die dann nit ligge, die dich nit ligge künne?
Soll ich dann nit bedröv sin üvver die Knallköpp, die jäje dich opston?
Jo, met deefem Äkel ben ich hinger denne herr.
Dat sin ming schlemmste Feind, dat kannste mir jläuve.
Leeven Här, stell mich op de Prob un pass jenau op,
Ov ich ene Wäg jon, dä dich beleidig. Dann weißde, op ich unrääch dun.
Du selver, Här, bes esu jot un bring mich op dr richtije Wäg.

Psalm 140
En dr Verfoljung

Här, ich rofen dich ahn, kumm doch ens flöck.
Hür doch op mich, wann ich rofe.
Wann ich bedde, klimp dat zo dir erop, wie Dämp us ener Pief,
Un wann ich ming Häng huhhevve, es dat, ald wenn ich offere dät.
Här, weißte wat? Stall doch ene Zaldat vör ming Muul,
Un halt e Jewehr an ming Schnüß, dat ich nit riskeere, jet Falsches ze sare
Un nix dun, watsde nit ligge kanns, wie die Mannslück dun, die alles esu
    jet maache.
Vun denne ihr Kamelle well ich nix han.
Wer et Rääch dozo hät, kann mr mingetwäje eine klävve.
Wann ich dadurch besser wäde, es dat, wie Pomad för de Hoore.

Ich loß in räuhig jewäde, un wann hä en Nut es, well ich för in bedde.
Wann dann ihr Reechter och dr Birg eravletsche,
Sollen se doch hüre, dat ich inne jot jesinnt ben.
Wie mr de Ähd oprieß, su lijje denne ihr Ärm un Bein eröm.
Leeven Herrjott, ich luuren op dich, ich kummen mich bei dich versteche,
Dat ich noch jet am Levven blieve.
Pass du op, dat ich nit en en Muusfall erentredde, die die Ööster mir
    opjestallt han.
Loß die doch selver do erintirvele. Ich maach, dat ich fottkumme.

Psalm 141
En Dudsnut

Su hatt ich kann, schreien ich zo dir, Här, un flehen dich um Hölp ahn.
Alles, wat ich om Häzze han, schött ich jetz us.
Dann kannste ens sin, wat ich för en Nut han.
Wann ich innedren och janz durchenein ben, du kenns minge Wäg un weiß,
Wat die mir do för e Schlingjedöns därrjelaht han.
Luur ich räächs öm de Eck, es keiner do, dä mich ahnluurt.
Ich weiß verhaftig nit mieh, wo ich hinjon soll.
Kei Minsch frög, ob ich üvverhaup noch levve.
Do krieschen ich janz hatt zo dir un muß dr sare,
Dats du janz allein mir helfe kanns.
Dat hürste dann och secher, denn ich ben doch esu en ärm Dier.
Holl mich doch us däm Kittche erus, domet ich dat alle Lück verzälle kann.
Solls ens sin, die ston dann all öm mich eröm, weil dat du esu jot zo mir
    jewäß bes.

Psalm 142
Ich hevven ming Häng en de Hühde

Här, hür ens, wat ich bedde, luster ens, wat ich dinger Jodheit in et Uhr
    rofe.
Jangk doch nit in et Jereech met mir,

Denn kei Minsch es vor dir doch ohne Sünd.

Die Hanake jon mir an dr Krare, klatschen mich op de Ähd
Un stuppen mich en dr Keller, ald wenn ich ald längs dut wör.

Ich han dr esu en Angs, dat mr et Häzz bes en dr Hals eren klopp.

Un dann denk ich doch widder doran, wie et fröher ens wor
Un erinner mich, watsde all jedon häs un esu jot jemaht häs.

Ich falden ming Häng vor dir un hevven se huh.

Wie enen Acker, wo et lang nit mieh drop jerähnt hät,
Su enen Doosch han ich no dir, leeven Herrjott.

Här, mach bitte vöran, help mr flöck, ich verdrüjjen söns.

Wann du dich vun mir avwends, is et wirklich,
Ald hät ich ald de Dreckschöpp om Kopp.

Loß mich morje fröh erfahre, dat ich nit verjevvens op dich jehoff han.

Wies mr dä Wäg, wo de wells, dat ich drop jon soll.

Rieß mich denne Freese us de Häng. Här, du kanns dat.

Du muß mr immer sare, wat ich dun soll, denn du bes jo mingen Herrjott,
Un dinge jode Jeis stellt mich op en jlatte Stroß ohne Knubbele.

Dun mich jet erfresche, Här, wäje dingem jode Name.

Rieß mich us däm janze Jeöschels erus.

Schlon se zesamme un radier se us, die all op mich ahnjon.

Ich ben ding Mädche för alles un blieven et.

Psalm 146
Unsen jroß un joden Här

Et es jot un vernünftig, userm Herrjott jet ze spille
Un schön, im e Leedche ze singe.

Dr Här baut sing Stadt widder janz neu op,
Un die laufe jejange wore, sammelt hä en un breng se zoröck.

Denne ihr Levve janz zerbroche wor, die heilte
Un deit ene Verband öm ihr Schröm.

Hä bestemp, wievill Stääne am Himmel ston solle,
Un dann röf hä se all mim Name.

Jroß es dr Här üvver de Mooße un esu klog, dat mr et nit bejriefe kann.

Loss! Spillt im e Dankleed op dr Jitta.

Dr janze Himmel decke met Wolke zo un läß dann Rähn op de Ähd falle,
Dat bovven huh op de Birg et Jrass eruskumme kann.
De Deere jit hä ihr Foder un och denne klein Rävcher wonoh se kräschze.
Vun de starke Pääd hälte nit vill un och nit vun denne Sportler,
Die esu flöck laufe künne.
Nur die, die op in hüre, Strang vör im han, in iehre un op in waade – –
Die jefallen im.

Psalm 147
Alles jeit vorüvver

Jerusalem, dun dingen Herrjott lovve.
Op ding Pooze hät hä en faßte Schall jemaht,
Un ding Sönn künne räuhig doren wunne.
Fridden häsde en dingem Jehöösch un kanns dich an Wießbrut satt esse.
Vun bovven erav scheck hä sing Wot op de Ähd,
Un dat jöckt flöck vun einem zum andere.
Schnei un Äsch schött hä wie vorwurfsvoll us.
En decke Klumpe kütt dr Harel ze fleeje, un alles Wasser weed zo Ihs.
Do säht hä nur ein Wot – – un alles schmilz widder op.
Dr Wingk dät alles opdäue, dat dat Wasser widder fleeße muß.
Esu hät hä et däm Köbes jesaht un denne Jüdde sing Jebott jejovve.
Keinem andere Volk hät hä su jet jedon un hät se em Unklore jeloße.

Psalm 150
E janz jroß Lovvleed

Lovvt dr Här en singem Hilligdum,
Lovvt in en singem staatse Huus,
Lovvt in wäje singer Jrußdate,
Lovvt in, weil hä esu riesenjruß es,
Lovvt in met alle Tröte un Harfelißche un Jitta,

Lovvt in met dr decke Trumm, wann ihr danzt,
Lovvt in met Fläute un Vijelinne,
Lovvt in met krieschende Zimmdeckele,
Lovvt in met luutem Zimderatata.
Alles, wat Oodem hät, soll dat metmaache!

Usdröck, die Imis nit verstonn künne, in Huhdütsch üvversatz

Psalm 1	Krebbebesser	von Krepp — Krippe; in die Krippe beißen, anstatt vernünftig zu reden
	Unkelskääze	Unschlittkerzen, wertlose Lichter
	Klaafmüler	bösartige Schwätzer
	Schladerbotz	auf- und abklappbarer Hosenboden für kleine Knaben; Schimpfwort
	Sprüzcher	kleine Blattsprossen am Stengel
	Jemölsch	von matschen, mischen: ekliger Mischmasch
Psalm 2	jenöglich	gemütlich, gelassen
Psalm 3	loß Koot scheeße	a. d. Franz. von cordelle (Kordel) (beim Aufsteigen des Drachens); übertragen: Los! mach voran!
Psalm 4	quängelen	quälen, nörgeln
	kott sin	erbost, erzürnt sein
	Hanakereie	spitzbübig, gaunerhaft, durchtrieben
Psalm 6	Knuuze	von Knorren, Knorz: Püffe, Stöße
	Jömere	Jammern
	usjemerjelt	ausgetrocknet
	fimbsch	angefault, ekelhaft
Psalm 8	frößele	an etwas herumhantieren
	e klei Fitzje	ein klein wenig
Psalm 12	Avekateschnüß	Advokatenschnauze, Maulheld
	Flatschmuul	Klatschmaul
	Dreckfisel	Drecksack; Schimpfwort
Psalm 19	Pool	Pfahl, Stütze
	soll fluppe	soll gelingen
	usjeletsch	ausgerutscht
	pieloprääch	senkrecht, steil in die Höhe

Psalm 21	Waaßkääz	Wachskerze
	Poosch	Brust
	Schirvel	Scherbe
	Stroß	Kehlkopf
	Freese	abscheulicher Kerl; oftgebrauchtes Schimpfwort
	Klamotte	Kleider
Psalm 22	Wasser ze baaschte	von bersten: mehr als genug haben
Psalm 24	Bullebießer	Bullenbeißer: grober, bissiger Kerl
	ärm Höösch	armer Tropf, ängstlicher Mensch
	Klutepack	gewalttätige, rücksichtslose Bande
Psalm 29	Duderich	Totenreich
	ömjestülp	umgewandelt
	Plute	von Plunder: unansehnliche Kleidung
	Wöbche	von weben, Gewebe: Sonntagskleidung
Psalm 31	ene janze Schwupp	ein ganzer Schwung
	vill Plack	viel Plage, viel Leid und Sorge
Psalm 44	jöcke	eilig haben, schnell, hurtig sein
	Zabel	Säbel, Schwert
	Kadanks	Ehrfurcht, Angst, Respekt
	Flitzdinger	Pfeile
	Herrscherstöckelche	Zepter
	Jitta	Zither
Psalm 50	Undoorende	Untugenden
	höösch	heimlich, leise
	Kanaljepack	von Canaille: nichtswürdiges Gesindel
	Krakieler	zänkische Menschen
	paasch ming Leppe usenein	öffne meine Lippen

46

Psalm 56	Kraade	von Kröten; oft gebrauchtes Scheltwort
	kaduck	von caduque: verschüchtert, ängstlich, hinfällig
	Ammelung han	etwas begehren, Appetit auf etwas haben
	Nääl un Penne	Nägel und Stifte
	Jeschleffe Zabel	geschliffenes Schwert
	Schlenke	Schlingen
	En Kull	eine Grube
	jetirvelt	gestolpert
	Harfelißche	Harfenspielerin
Psalm 60	Kabüffche	kleiner Raum, Zimmerchen
	Schluffe	Hausschuhe
	döckes	von ducken
	Livverlingche	Lerche
Psalm 61	Japper	**Seufzer**
	Jenögde	Zufriedenheit
Psalm 74	trimuleere	zittern
	Lidderjan	liderlicher Mensch
	Höönche	Hörnchen, Beule stoßen
	freche Schnüß schwaade	frech daherreden
	Schandmächer	der alles zuschanden macht, Verderber
Psalm 81	Jroßmächer	Angeber
	Plutepack	verächtlich für Lumpensammler
Psalm 83	Mösch	Spatz, Sperling
	Schwalfter	Schwalbe
	klein Jedöns	hier: junge Brut
	Mölm	Matsch, Morast
	nen enkele Dag	ein einziger Tag
	kniestig	geizig

Psalm 89	Ping	Pein, Schmerz
	Jeöschels	kleinliches Disputieren, kleine Zänkereien
Psalm 90	sich reste	sich ausruhen
	verrecken	derber Ausdruck für sterben, umkommen
	jääl Färv	Gelbsucht; hier: Krankheit
	Maleste	Beschwerden
	ahnjesteffelt	angestiftet, aufgetragen, befohlen
Psalm 100	Huffahtspinsel	eingebildeter, eitler Mensch, Geck
	Fuutelshungk	von fuschen: Betrüger
Psalm 101	hötsch wie ene Schatte	huscht wie ein Schatten
	bleche Botz	blecherne Hose; Kölsches Wort für Gefängnis
Psalm 103	Schlot	Kamin, Esse
	Düvelsbrode	Teufelsbraten
	Knieshüngk	Geizkragen
Psalm 107	Vijjeling	Violine
	jet ze kamelle han	etwas zu sagen haben
	Mählwürm	Mehlkäfer, Kriecher
Psalm 111	jet an de Föß han	genug zum Leben haben
	Nüssele	Geld, Groschen
	knitsch met de Zäng	knirscht mit den Zähnen
Psalm 112	pullen	herausbuddeln
	Quös	kleine Kinder
Psalm 115	Koot	Kordel, Bindfaden
	opjeknüddelt	aufgeknotet
Psalm 122	Höönerei	Verhöhnung, Spott

Psalm 138	kaaschte jon	fliehen
	Zorteer	von sortieren, Ordnung
	Lotterbove	von locker, leichtsinnig: Lotterbube, Taugenichts, Schlingel
	plackije Fissel	von fies: unsauberer Mensch
	Knallköpp	Verrückte, Narren, Jecke
Psalm 140	eravletsche	herunterrutschen
Psalm 141	Kittche	Gefängnis, Kerker
Psalm 147	faßte Schall	fester Riegel

Inhalt